خۆشەویستیی بێسنووری یەزدان

دێرک پرنس

ئەم بەرهەمە وەرگێڕانێکە لە کتێبی ئینگلیزی:

Extravagant Love

Copyright © 1990 Derek Prince Ministries – International

This edition by Derek Prince Ministries – UK 2018

Published by DPM-UK

All rights reserved.

ISBN: 978-1-78263-492-8

Product Code: T123

ناوی کتێب: خۆشەویستیی بێسنووری یەزدان

نووسەر: دێرک پرنس

وەرگێڕ: نەریمان تاهیر

چاپی یەکەم، ٢٠١٨

مافی چاپکردنی لەلایەن

Derek Prince Ministries-International

خۆشەویستیی بێسنووری یەزدان

خۆشەویستیی یەزدان فراوانە، بێسنوور و لەڕادەبەدەرە!

خۆشەویستیی یەزدان ناپێورێت.

کاردانەوەمان لە هەمبەر ئەم خۆشەویستییەدا دەبێت چۆن بێت؟

پێرست

ناساندن

خۆشەویستی بێسنووری خودا دەمانباتە نێو مەودایەکی نوێ لە ستایش و وڵامدانەوەی خودا. ئایا وشەی "بێسنوور"ت بەلاوە سەیرە؟ لەڕاستیدا وشەیەکی تەواو گونجاوە، چونکە پێش هەموو شتێک ئاماژەیە بۆ خۆشەویستی خودا.

سروستی خودا خۆشەویستییە. خودا زۆر لەوە گەورەتر و مەزنترە کە ئێمە بتوانین بیری لێ بکەینەوە، ئەم مەزنییە خۆشەویستییەکەشی دەگرێتەوە. بە گشتی ئێمەی مرۆڤ لە دەربڕینی خۆشەویستیدا ڕەزیل و دەستبەسراو و خۆپەرستین، بەڵام خۆشەویستی و ئەڤینی خودا فراوان و بێسنوور و بێ ئەندازەیە!

پۆڵسی نێردراو لە (ئەفەسۆس ٣: ١٤-١٩ ﴾ا ئەم نزایەی بۆ گەلی ئەفەسۆس کرد:

"لەبەر ئەمە چۆك بۆ باوك دادەدەم، ئەوەی هەموو خێزانێك لە ئاسمان و سە ر زەوی بوونیان لە ئەوەوە سەرچاوەی گرتووە .لێی دەپاڕێمەوە کە بەپێی دەوڵەمەندی شکۆی خۆی بەهێزتان بکات لە ڕێگەی ڕۆحەکەی کە لە ناختاندایە، تاکو بە باوەڕ مەسیح لە دڵتاندا نیشتەجێ بێت و ڕەگ و بناغەتان لە خۆشەویستیدا دابمەزرێت، تاکو توانادار بن، لەگەڵ تەواوی گەلی پیرۆزی خودا تێبگەن کە پانی و درێژی و بەرزی و قووڵی خۆشەویستی مەسیح چییە، تاکو ئەم خۆشەویستییە بناسن کە لە سەرووی زانیارییەوەیە، بۆ ئەوەی پڕبن لە هەموو پڕێتی خودا."

بابەتی سەرەکی نزاکەی پۆڵس بۆ ئێمە ئەوەیە کە خۆشەوستیی یەزدان بناسین. بەڵام هەتا لە ڕێگەی هێزی ڕۆحی پیرۆزەوە بەهێز نەبین، ناتوانین عیسا لە دڵماندا جێ بکەینەوە. پۆڵس نوێژ دەکات کە لە خۆشەویستیی مەسیحدا بچەسپین و لەوە تێبگەین کە خۆشەویستیی مەسیح چەندە پان و درێژ و بەرز و قووڵە. پاشان پۆڵس لە ئەنجامدا دەڵێت: **"تاکو ئەم خۆشەوستییە بناسن کە لە سەرووی زانیارییەوەیە ..."** لێرەدا ڕووبەڕووی دژیەکییەک دەبینەوە، چونکە چۆن دەتوانین خۆشەویستییەک بناسین کە لە سەرووی زانیارییەوەیە؟ باوەڕم وایە ئەمە وەڵامەکەیەتی: ناتوانین لە

ڕێگەی دانایی و زیرەکیمانەوە بیناسین، بەڵام لە ڕێگەی ئاشکراکردن و بینینی نێو کتێبی پیرۆز و ڕۆحی پیرۆزەوە دەتوانین بیناسین. ناسینی خۆشەویستیی خودا لە ڕێگەی ئاشکراکردنی ڕۆحییەوە ڕوودەدات نەک زانیاری و ژیریی فکر و هزرمان.

ئامانج لە نووسینی ئەم پەڕتووکە ئەوەیە کە بە پشتبەستن بە چەند دەقێکی جیاوازی کتێبی پیرۆز، پێوەرگەلێکمان دەخرێتە بەردەست کە بە هۆیانەوە دەتوانین پەی بە ڕێژەی خۆشەویستیی یەزدان ببەین.

وەرزی یەکەم

گەنجینەی شاراوەی نێو کێڵگەکە

نموونەی گەنجینە شاراوەکەی نێو کێڵگە، یەکێکە لەو پەند و نموونانەی کە عیسای مەسیح لە مەتا (١٣: ٤٤)دا باسی کردووە.. پەند و نموونە چیرۆکێکی سادەی ئاشنایە کە باسی شتی ئاسایی و زەمینی دەکات - ئەو شتانەی کە عیسا لە پەند و نموونەکانیدا باسی دەکرد، بەلای هەموو گوێگرێکەوە ئاشنا بوون. بەڵام ئامانجی نموونە و پەند ئاشکراکردنی شتە نەبینراو و ئەزەلی و ڕۆحییەکانە. دیمەن و چیرۆکە بینراو و زانراوەکە دواتر دەبێتە ئاوێنەیەک کە شتە نەبینراو و نائاشنا و ڕۆحییەکانی تێدا ڕەنگ دەداتەوە.

عیسا وەکو مامۆستایەکی باش، لە شتی زانراوەوە دەست پێدەکات و بەرەو نەزانراو دەچێت. بەو شتانە دەستی پێکرد کە بەلای گوێگرەکانییەوە ئاشنان، دواتر بەرەو ئەو شتانەیان دەبات کە نائاشنان. لە کاتی خوێندنەوەی پەند و نموونەدا، دەبێت لە خۆمان بپرسین ئەو شتە ڕۆحییان چین کە هاوتای شتە مادییەکانن؟ با نموونەکە بخوێنینەوە، دواتر تێگەیشتنی خۆمتان لەبارەیەوە پێ دەڵێم.

"شانشینی ئاسمان لە گەنجینەیەك دەچێت لە کێڵگەیەکدا شاردرابێتەوە. یەکێك دۆزییەوە و شاردییەوە، لە خۆشییان دەچێت و هەرچی هەیە دەیفرۆشێت و ئەو کێڵگەیەی پێ دەکڕێت" (مەتا ١٣: ٤٤).

ئەمە نموونەیەکی زۆر سادەیە. ئەو ڕاستییە ڕۆحییانە کامانەن کە ئەم نموونەیە بۆمان ئاشکرا دەکات؟ ئەمە لێکدانەوەی کەسی منە کە هاوتەریبە لەگەڵ بنەماکانی کتێبی پیرۆزدا. من ناڵێم هیچ لێکدانەوە و ڕاڤەکردنێکی دیکە بوونی نییە، بەڵکو دەڵێم ئەمە لێکدانەوەی منە.

عیسا ئەو پیاوەیە کە گەنجینەکەی دۆزیوەتەوە. کێڵگەکە جیهانە. ئەمە لە پەندێکی دیکەدا لە (مەتا ١٣: ٣٨)دا ئاماژەی پێکراوە. ئەم بنەمایە هەر حەوت پەندەکەی بەشی سێزدەی مەتای لەسەر بنیات نراوە. ئەی مەبەستی لە گەنجینەکە چییە؟ گەنجینەکە گەلی خودان لە جیهاندا. بە کورتی، پیاوەکە عیسایە، کێڵگەکە جیهانە، گەنجینەکە گەلی خودان لە جیهاندا.

کاتێک پیاوەکە بۆی دەرکەوت کە گەنجینەیەک لە کێڵگەکەیدایە، کارێکی زۆر ژیرانەی کرد. دەستبەجێ نەڕۆیشت هەموو کەسێکی لێ ئاگادار بکاتەوە، لە ڕاستیدا ڕۆیشت و شاردییەوە. دەیزانی کە ئەگەر بێتو خەڵکی بە گەنجینەکە بزانن ئەوا هەموویان هەوڵێ بۆ دەدەن و ململانێی یەکتر دەکەن. شاردییەوە و بڕیاری دا تەواوی کێڵگەکە بکڕێت. ئەوەت بیر نەچێت کە ئەو پیاوە بەڕاستی کێڵگەکەی نەدەویست، بەڵکو گەنجینەی نێو کێڵگەکەی دەویست، بەڵام ئەو ڕاستییەی دەزانی کە ئەگەر بێتو بیەوێت ببێتە خاوەنی گەنجینەکە ئەوا دەبێت نرخی تەواو کێڵگەکە بدات. ئەو پیاوە نرخی ئەو کێڵگەیەی بەلاوە زۆر بوو. ئەوەی هەیبوو و نەیبوو لە پێناو کڕینیدا داینا. بەڵام بە خۆشییەوە هەموو شتێکی فرۆشت، چونکە بەهای گەنجینەکەی دەزانی.

دەتوانی سەرسامی خەڵکی ئەو ناوچەیە بهێنیتە پێش چاوی خۆت؟ "ئەو پیاوە ئەو کێڵگەیەکی بۆ چییە؟ خۆ بە کەڵکی هیچ نایەت. پارەیەکی ئەوتۆی بۆ ناکات. بە کەڵکی دانەوێڵە چاندنیش نایەت، تەنها دڕکی تێدا دەڕوێت. بۆچی ئەو هەمووە پارەیەی بۆ کێڵگەیەکی ئەوها بێسوود داوە؟"

ئەوان هیچ شتێکیان لەبارەی گەنجینەکەوە نەدەزانی. تەنها عیسای مەسیح ئاگای لە گەنجینەی نێو کێڵگەکە بوو. هەربۆیە باجی تەواوی جیهانی دا، بۆ ئەوەی دەستی بەو گەنجیەیە بگات کە لەنێو کێڵگەکەدایە. گەنجینەکە گەلی خودایە.

با سەیری ئایەتێکی ئاشنای دیکەی پەیمانی نوێ بکەین:

"لەبەر ئەوەی خودا ئەوەندە جیهانی خۆشویست، تەنانەت کوڕە تاقانەکەی بەختکرد، تاکو هەرکەسێك باوەڕی پێ بهێنێت لەناو نەچێت، بەڵکو ژیانی هەتاهەتایی هەبێت" (یۆحەنا ٣: ١٦).

خودا جیهانی خۆشویست، بۆیە ژیانی کوڕەکەی لەپێناو کڕینەوەی جیهاندا بەخشی. بەڵام خودا لەبەرامبەر ئەوەدا "هەرکەسێک"ی دەستکەوت. **"تاکو هەرکەسێك باوەڕی پێ بهێنێت لەناو نەوچێت."** گەنجینەی نێو کێڵگەکە کە عیسا لەپێناو بەدەستهێنانیدا مرد، بە تەواوی هاوتای ئەم "هەرکەسێک"ەی ئێرەیە. خودا جیهانی لە پێناوی هەرکەسێکدا کڕییەوە.

لە (تیتۆس ٢: ١٤)دا، هەمان ڕاستیی دەبینین. لێرەدا باسی عیسای مەسیح دەکات:

"... ئەوەی بۆ ئێمە خۆی بەختکرد، تاکو لە هەموو سەرپێچییەك بمانکڕێتەوە و گەلێکی تایبەت بۆ خۆی پاك بکاتەوە، دڵگەرم بۆ چاکەکاری."

ئەوەیە گەنجینەکەی مەسیح. ئەم گەنجینەیە لە گەلێک پێکهاتووە کە هی مەسیحە و ئەوانی لە جیهاندا ڕزگار کردووە و لە دەستی خراپە و سەرپێچی ڕزگاری کردوون، پاکی کردوونەتەوە و کارێکی کردووە کە دڵگەرمی چاکەکاری بن. ئەو باجەی کە مەسیح لە پێناو گەلەکەیدا بەخشی، لە خۆی پێکهاتبوو - واتە خودی خۆی و ماڵ و سامانەکەی بەخشی. ژیانی خۆی دانا.مەسیح لەپێناو بەدەستهێنانی گەنجینەکەدا (گەلی خودا)، ژیانی خۆی پێشکەش کرد.

بۆچوونێکی دیکە لەبارەی گەنجینەی نێو کێڵگەکە هەیە. عیسا کێڵگەکەی کڕیوە، بەڵام دەیدات بە خزمەتکارانی، ئەوانەی کە خزمەتی مژدەی مەسیح دەکەن، بۆ ئەوەی گەنجینەکە بدۆزنەوە کە کار و زەحمەتێکی زۆری دەوێت. دەبێت شوێنی گەنجینەکە بدۆزیتەوە، زەوییەکە چاڵ بکەیت و بیهێنیتەوە دەرەوە. لەبەرئەوەی ماوەیەکی زۆرە لەژێر زەویدایە، بۆیە ژەنگاوی و پیس بووە و پێویستی بە پاککردنەوەیەکی باش هەیە.

عیسا هەڵناستێت بە پاککردنەوەی گەنجینەکە. خزمەتکارەکانی عیسا لەم جیهانەدا هەڵدەستن بە دۆزینەوەی گەنجینەکە و بە زەحمەتێکی زۆر لە ژێر زەویدا دەریدێنن. بڕوام پێبکەن، ناسینی خودا بە خەڵکی و مزگێنیدان پێیان، کارێکی ئاسان نییە. بە ئەندازەی هێنانە دەرەوەی گەنجینە لە ژێر زەویدا سەختە. ئەمەش دەکەوێتە سەر مزگێنیدەر و مژدەبەخشەکان. من یەکێکم لەو کەسانەی کە خودا لەم جیهانەدا هەیەتی. ئامانجی خزمەتەکەی من ئەوەیە کە ئەو گەنجینەیە لە کێڵگەکە دەربهێنم و پاکی بکەمەوە و بۆ خودای ئامادە بکەم.

پۆڵس لە (کۆلۆسی ١: ٢٨-٢٩)دا لەبارەی خزمەتەکەی خۆیەوە دەڵێت:

"ئێمە ئەو ڕادەگەیەنین، هەموو کەسێك ئاگادار دەکەینەوە و بەوپەڕی داناییەوە فێریان دەکەین، بۆ ئەوەی بتوانین هەر یەکێکیان وەك کەسێکی پێگەشتوو بە یەکبوون لەگەڵ مەسیح بهێنینە بەردەم خودا. بۆ ئەمەش ماندوو دەبم و تێدەکۆشم، بەگوێرە ی کارەکەی کە بەهێزەوە لە مندا کار دەکات."

عیسای مەسیح ئەو کەسەیە کە ئێمە ڕایدەگەیەنین. ئامانجی تەواوی خزمەتەکەی من ئەوەیە کە عیسای مەسیح ڕابگەیەنم. پۆڵسیش نەیدەویست هیچ کام لە شوێنکەوتووانی مەسیح بەجێبهێڵێت هەتا بەهرەکانیان شکۆفە نەکەن. پۆڵس لەو پێناوەدا زەحمەتێکی زۆری کێشا.

سەرنجی هەموو ئەو وشانە بدە کە پەیوەندی بە کار و چالاکییەوە هەیە: "**ماندوو دەبم، ... تێدەکۆشم، ... کارەکەی، ... بەهێزەوە لە مندا کار دەکات.**" ئامانج و ئاراستەی ئەو هەمووە کارە چییە؟ بۆ ئەوەیە کە گەنجینەکە لە کێڵگەکەدا دەربهێنێت، خاوێنی بکاتەوە و بیخاتە بەردەست پەروەردگار کە مرد و بە دانانی ژیانی خۆی ئەو کێڵگەیەی کڕی.

ئێمە چۆن دەتوانین ئەو کارانە ئەنجام بدەین؟ پۆڵس دەڵێت: "**هەموو کەسێك ئاگادار دەکەینەوە و بەوپەڕی داناییەوە فێریان دەکەین، بۆ ئەوەی بتوانین هەر یەکێکیان**

وەك كەسێكی پێگەشتوو بە یەكبوون لەگەڵ مەسیح بهێنینە بەردەم خودا." دەمەوێ ئەو نرخ و بەهایەتان وەبیربهێنمەوە کە لە پێناو کێڵگەکە و گەنجینەکەی ناویدا دراوە. ئەو بەهایە لە تەواوی ماڵ و سامانی عیسا پێکهاتبوو. هیچ شتێكی هەڵنەگرت. خۆشەویستیی عیسا بێسنوورە. عیسا گەنجینەکەی ئەوەندە خۆشدەویست، کە بە خۆشییەوە خۆی کردە قوربانی.

وەرزی دووەم

مروارییە گرانبەهاکە

هەموو ئەو شتانەی کە لەبارەی یەزدانەوەن، گەورەتر و مەزنترن لەوەی کە ئێمە بتوانین درکیان پێ بکەین و لێیان تێبگەین، بەڵام ئەمە بەتایبەتی بەسەر خۆشەویستییەکەیدا جێبەجێ دەبێت. سروشتی خودا خۆشەویستییە. ئەو وشەیەی کە ئێمە بۆ ڕێژەی وەسفی ئەم خۆشەویستییە بەکارمانهێناوە "بێسنوورە"، کە وشەیەکی نائاسایی و نائایینیە، بۆ ئەوەی خۆمان لە وشە کلێشەیی و دووبارەکان بپارێزین. بەڕاستی خۆشەویستی خودا لە ڕادەبەدەر و بێسنوورە.

ئێمەی مرۆڤ بە گشتی لە دەربڕینی خۆشەویستیدا ڕەزیڵ و دەستەنگ و خۆپەرستین، بەڵام خۆشەویستیی یەزدان بەهیچ جۆرێك وەکو هی ئێمە نییە. خۆشەویستیی یەزدان فراوان و بێسنوور و لەڕادەبەدەرە. ئەو نوێژەت لەبیر بێت کە پۆڵس لە (ئەفەسۆس ٣: ١٤-١٩) لە پێناو هەمووماندا کردی:

"لەبەر ئەمە چۆك بۆ باوك دادەدەم، ئەوەی هەموو خێزانێك لە ئاسمان و سە ر زەوی بوونیان لە ئەوەوە سەرچاوەی گرتووە. لێی دەپاڕێمەوە کە بەپێی دەوڵەمەندی شکۆی خۆی بەهێزتان بکات لە ڕێگەی ڕۆحەکەی کە لە ناختاندایە، تاکو بە باوەڕ مەسیح لە دڵتاندا نیشتەجێ بێت."

بۆ ئەوەی لەوە تێبگەین کە خودا چی بۆ ئێمە هەیە، دەبێت یەکەم جار لە ڕێگەی ڕۆحی پیرۆزەوە هێز و توانا وەربگرین. دەبێت شتێك وەکو مەخزەن و کۆگا لە ئێمەدا دابنرێت بۆ ئەوەی بتوانین ئەوە وەربگرین کە لەنێو ئێمەدا دایدەنێت. پۆڵس بەردەوام دەبێت و پێمان دەڵێت کە ئەو شتە چییە:

"هەروەها ڕەگ و بناغەتان لە خۆشەویستیدا دامەزرێت، تاکو تواناداربن، لەگەڵ تەواوی گەلی پیرۆزی خودا تێبگەن کە پانی و درێژی و بەرزی و قووڵی خۆشەویستی

مەسیح چییە، تاکو ئەم خۆشەویستییە بناسن کە لە سەرووی زانیارییەوەیە، بۆ ئەوەی پڕبن لە هەموو پڕیێتی خودا."

یەزدان دەیەوێت پڕیەتیی خۆشەویستیی خۆی لەنێو ئەو کۆگایەدا دابنێت کە لە ڕێگەی ڕۆحی پیرۆزەوە لە ئێمەدا دروستی کردووە. دەیەوێت هەموو ڕەهەندەکانی خۆشەویستییەکەی بزانین - پانی و درێژی بەرزی و قووڵییەکەی چەندە. دەیەوێت خۆشەویستییەک بناسین کە لە سەرووی زانیارییەوەیە. ناتوانین لە ڕێگەی فکر و هزرەوە لە خۆشەویستیی خودا تێبگەین، بەڵکو لە ڕێگەی بینین و ئاشکراکردنی کتێبی پیرۆز و ڕۆحی پیرۆزەوە درکی بکەین.

نموونەی "گەنجینەی نێو کێڵگەکە" وەکو بنەمای پێوانی خۆشەوستی خودا بەکارهاتووە. لە تەواوی ئەم کتێبەدا پێداگری لەسەر ئەوە کراوە کە عیسا لە پێناو بەدەستهێنانی ئەو گەنجینەیەدا ئەوەی هەیبوو داینا.

ئێستا باسی ئەو نموونەیە دەکەین کە ڕێک لە دوای نموونەی گەنجینەکە دێت، ئەویش نموونەی "مرواریيە گرانبەهاکە"یە. نموونەی یەکەم، کە گەنجینەی نێو کێڵگەکە بوو، ڕێژەی خۆشەویستیی مەسیح بەرامبەر بە گەلەکەی خۆی بە گشتی نیشان دەدات، بەڵام نموونەی مرواریيە گرانبەهاکە ڕێژەی خۆشەویستیی مەسیح بەرامبەر بە تاک بە تاکی مرۆڤەکان نیشان دەدات. گرنگە کە هەریەک لە ئێمە سوپاسی یەزدان بکەین و ئەو خۆشەویستییە بەرز بنرخێنین کە لە هەمبەر یەک بە یەکی ئێمەدا هەیەتی، نەک تەنها وەکو بەشێک لە گروپ و دەستەیەک. مەتا (١٣: ٤٥-٤٦) دەڵێت:

"هەروەها شانشینی ئاسمان لە بازرگانێك دەچێت بە شوێن مرواری نایابدا دەگەڕا. کاتێك مرواریيەکی گرانبەهای بینی، چوو هەرچیی هەبوو فرۆشتی و مرواریيەکەی کڕی."

وەکو نموونەکەی دیکەدا، عیسا بازرگانەکەیە. ئەو کەسە گەشتیار یان کەسێکی ئاسایی نەبوو کە حەز بکات لە جامی دوکانەکانەوە تماشای کەلوپەلەکان بکات، بەڵکو

بەڕاستی بەها و نرخی ئەوەی دەزانی کە بەدوایدا دەگەڕا. کاتێک بازرگانەکە مرواریيە نايابەکەی ديتەوە، بۆی دەرکەوت کە مامەڵەيەکی باشە کە تەواوی دار و نەداری بۆ کڕينی ئەو مرواريیە بفرۆشێت. چەند کەس لە ئێمە کارێکی لەو چەشنە دەکات؟ چەند کەسمان بەردێک ئەوەندە بەهادار و گرانبەها دەبينێت کە تەواوی ماڵ و سامانەکەی لەپێناو بەدەستهێنانيدا دەفرۆشێت؟ ئەوە خۆشەويستيی مەسيحە، کە خۆشەويستييەکی لەڕادەبەدەر و بێسنووورە.

بەها و نرخی مرواريیەکە بە ئەندازەی بەهای کێڵگەکە بوو، کە تەواوی دار و نەدارەکەی بوو. لە بەشی داهاتوودا دەست دەکەين بە شيکردنەوە و لێکۆڵينەوە لەوەی کە بۆ عيسا فيداکردنی تەواوی داراييەکەی چ واتايەکی هەبوو.

مرواری نيشانەی چييە؟ يەکێک لەو نيشانانەی کە لە کتێبی پيرۆزدا ئاماژەی پێ کراوە، ئازارچەشتنە. جێگەی سەرنجە کە هەموو دەروازەکانی ئۆرشەليمی نوێی ئاسمانی، لە مرواری دروست کراون. ئەمەش واتای ئەوەيە کە بەبێ ئازارچەشتن ناگەينە ئۆرشەليمی نوێ. ئەو شارە ئاسمانيیە هيچ دەروازەيەکی ديکەی نييە. مرواری لە ئەنجامی جۆرێک ناخۆشی و فشار لەنێو گوێچکە ماسيدا دروست دەبێت. بەڕاستی مرواری دەرەنجامی کارێکی هەڵەی نێو گوێچکە ماسييە.

بۆ ئەوەی بتوانيت مرواری بفرۆشيت، زۆر شت دەبێت ئەنجام بدرێت. يەکەم جار دەبێت گوێچکە ماسييەکە لە قوڵايی دەريادا دەربهێنيت، پاشان مرواريیەکەی ناوی بهێنيت و ئيشێکی زۆری لەسەر بکەيت. وەکو گەنجينەی نێو کێڵگەکە، ئەميش زەحمەت و کێشە و گرفتی خۆی هەيە. ئامادەکردنی مرواری بۆ فرۆشتن، پێويستی بەوەيە کە کارێکی زۆری لەسەر بکرێت. وەکو چۆن عيسا کێڵگەکەی کڕی و دای بە خزمەتکارەکانی بۆ ئەوەی ئامادەی بکەن، لێرەشدا، هەمان کار دەکات. واتە مرواريیەکە دەداتە خزمەتکارەکانی تاکو بۆی ئامادە بکەن. لە کۆتاييدا مرواريیەکی ساف و جوان و بريقەدار بەدەستدێت.

بیهێنە پێش چاوی خۆت کە عیسا مرواریيەکی بەدەستەوەیە و بەو پەڕی عەشق و خۆشەویستیەکی بێوێنەوە لێی دەڕوانێت. لێرەدا بابەتەکە تەواوی تاکەکەسییە و کاری گرووپ و دەستە نییە. عیسا مرواریيەکەی لەنێو لەپی دەستی داناوە و تماشای دەکات و پێی دەڵێت: "لەبەر تۆ ئەو بەهایەم دا و تەواوی دار و نەدارم بەخشی."

ئێستا بە خۆت بڵێ: "من ئەو مرواریيەم. من ئەو مرواریيەم. ئەگەر جگە لە من هیچ کەسێکی دیکە بوونی نەبوایە، ئەوا عیسا لە پێناو کڕینەوەی مندا، ژیانی خۆی بەخت دەکرد." دەبێت درک بەو ڕاستییە بکەیت. زۆرێک لە ئێمە لەگەڵ هەستی بێنرخی و نەشیاوی و ڕەتبوونەوەدا لە تەنگژەداین و دەست و پەنجەی لەگەڵ نەرم دەکەین. لە خۆمان دەپرسین و بەلامانەوە جێگەی پرسیارە ئاخۆ کەس ئێمەی دەوێت؟ زۆر گرنگە کە ئەوە بینین هەریەک لە ئێمە لە ئاست خۆیەوە مرواریيەکە، کە عیسا لە پێناویدا هەموو ماڵ و سامانی خۆی دانا.

باسی چوار ڕاستی سادە و گرنگ لەبارەی خۆشەویستی خوداوە دەکەم.

1. خۆشەویستیی خودا تاکەکەسی و شەخسییە.
2. خۆشەویستیی خودا جاویدانی و هەتاهەتاییە.
3. خۆشەویستیی خودا لە دەرەوەی کات و زەمەنە.
4. خۆشەویستیی خودا هەموو شتێک دەبەزێنێت.

با پێکەوە لە هەندێک ئایەت بڕوانین کە تیشک دەخەنە سەر ئەو چوار خاڵە.

خۆشەویستیی خودا تاکەکەسی و هەتاهەتاییە

"لە دێرزەمانەوە یەزدانمان بۆ دەرکەوتووە و دەفەرموێت: بە خۆشویستنێکی هەتاهەتایی ئێوەم خۆشدەوێت، لەبەر ئەوە بەردەوامیم دا بە خۆشەویستی نەگۆڕم بۆ ئێوە" (یەرمیا ۳۱: ۳).

خۆشەویستی خودا لە دێر زەمانەوە هەیە، تاکەکەسی و هەتاهەتاییە. بەهۆی خۆشەویستییەکەیەوە ئێمە بەرەو خۆی ڕادەکێشێت.

خۆشەویستیی خودا لە دەرەوی کات و زەمەنە

"وەك پێش دامەزراندنی جیهان بە یەکبووغان لەگەڵ مەسیح هەڵیبژاردین، تاکو لەبەردەمی پیرۆز و بێ گلەیی بین، پێشتر بە خۆشەویستی ئێمەی دیاری کرد، تاکو لە ڕێگەی عیسای مەسیحەوە بەگوێرەی خواستی خۆشحاڵانەی، وەکو منداڵی خۆی لە خۆیمان بگرێتەوە ..." (ئەفەسۆس ١: ٤-٥).

عەشق و خۆشەویستیی خودا لە دەرەوەی کات و زەمەندایە. واتە خۆشەویستیی خودا لە چوارچێوە و قاڵبی کاتدا جێی نابێتەوە. پێش ئەوەی جیهان بەدیبێت، خودا خۆشیدەویستین و هەڵیبژاردین و دیاریی کردین. خودا بەجۆرێک ژیانی خۆی دارِشت کە ئێمە بتوانین خۆی و عەشق و خۆشەویستییەکەشی ببینین.

خۆشەویستیی خودا هەموو شتێک دەبەزێنێت

لە (گۆرانی گۆرانییەکان ٨: ٦)دا هاتووە: **"خۆشەویستی وەك مردن بەهێزە..."** هیچ شتێك لە بەرامبەر خۆشەویستیدا خۆی ڕاناگرێت. کاتێك مردن دێت بەرەو پیرتەوە، ناتوانیت لە دەستی ڕابکەیت. کەس ناتوانێت بڵێت: "من ئامادە نیم، بۆیە قبوڵت ناکەم." هیچ کەسێک توانای بەرەنگاربوونەوەی مردنی نییە. سلێمانی دانا دەڵێت کە خۆشەویستی بە ئەندازەی مردن بەهێزە، بەڵام پەیمانی نوێ هەنگاوێک لەوە زیاتر دەمانباتە پێشەوە. کاتێک عیسا مرد و لەنێو مردووان هەستایەوە، سەلماندی کە خۆشەویستی لە مردن بەهێزترە. بەتواناترین هێزی نەرێنی جیهان لەلایەن بەتواناترین هێزی ئەرێنی جیهانەوە شکستی پێهێنرا - خۆشەویستیی خودا. گۆرانییەکی کۆنی ئینگلیزی هەیە کە چەندین ساڵ لەمەوبەر گوتراوە، بە ناوی "خۆشەویستی ڕێگەیەک دەدۆزێتەوە. چەند دێڕێکی گۆرانییەکە بەم جۆرەیە:

لەسەر شاخەکانەوە
لەژێر کانییەکانەوە
خۆشەویستی ڕێگەیەک دەدۆزێتەوە ...

عەشق و خۆشەویستی هەمیشە بە ئامانجەکانی خۆی دەگات، چونکە بەسەر هەموو شتێکدا زاڵ دەبێت و سنوور ناناسێت. بە نێو و سەر و ژێری هەموو شتێکدا تێپەڕ دەبێت هەتا دەگاتە ئەو شوێنەی کە دەیەوێت. خۆشەویستیی خودا بەو جۆرەیە.

بیر لەمە بکەنەوە: خۆشەویستی خودا تاکەکەسییە و هەتاهەتاییە و لە دەرەوەی کاتە و هەموو شتێک دەبەزێنێت. ئینجا دیسان خۆت وەکو مرواریەکەی نێو لەپی مەسیح بهێنە پێش چاوت. بە خۆت بڵێ: "خۆشەویستیی مەسیح بۆ من تاکەکەسی و جاویدانییە. لە دەرەوەی کاتە. هەموو شتیك دەبەزێنێت." ئینجا لە بیرت بێت کە مەسیح چ بەهایەکی بۆ ئەمە بەخشی - دار و نەداری لە پێناویدا دانا. تکایە چیتر مەڵێن سوپاس، چیتر سوپاسکردنێکی سادە بەس نییە.

وەرزی سێیەم

عیسا تەواوی بەهاکەی دا

هەتا ئێستا باسی ئەو دوو نموونەیەمان کردووە کە بنەمایەکمان دەدەنێ بە هۆیەوە دەتوانین ئەو بەهایە بپێوین کە عیسا لە پێناوی کڕینەوەی ئێمەدا بەخشی، ئەوانیش نموونەی گەنجینەی نێو کێڵگە و مرواریییە گرانبەهاکە بوو. لە هەر دوو حاڵەتەکەدا، کەسی کڕیار دەبووا دار و نەداری لە پێناو بەدەستهێنانیدا دابنابا. ئەمە بەسەر عیسادا جێبەجێ دەبێت، چونکە لە پێناو کڕینەوەی ئێمەدا هەموو شتێکی کردە قوربانی.

گیانبەختکردنی عیسا لە پێناو ئێمەدا، چ واتایەکی هەیە؟

سەرەتا پێویستە ئەوە بزانین کە خوێنی عیسا باجی کڕینەوەی ئێمە بوو. لە (یەکەم پەترۆس ١: ١٨-١٩)دا هاتووە:

"دەزانن بە شتی لەناوچووی وەك زێڕ و زیو نەکڕاونەتەوە، لەو ژیانە پووچەی لە باوباپیرانەوە بۆتان مابووەوە، بەڵکو بە خوێنێکی گرانبەها، خوێنی مەسیح، وەك لە بەرخێکی بێ لەکە و کەموکوڕی."

تەنها لە ڕێگەی ڕشتنی خوێنی مەسیحەوە دەمانتوانی لە دەستی گوناە و گێلیەتی و تاریکییەکەمان ڕزگارمان بێت. بۆچی خوێن؟ پەیمانی کۆن وەڵامێکی ڕوونمان دەداتەوە. ژیان یان گیانی هەموو مرۆڤێک لە خوێنیدایە. ئەگەر بوونەوەرێک گیان و خوێنی هەبێت، ئەوا ژیان، یان گیانی ئەو بوونەوەرە لە خوێنەکەیدایە. ئەمە لە (لێڤییەکان ١٧: ١١)دا هاتووە، کە موسا ئەو یاسا و شەریعەتانە وەردەگرێت کە بە هۆیانەوە دەتوانین بەپێی داواکاری و بنەماکانی یەزدان بژین. خودا لەوێدا دەفەرموێت:

"چونکە ژیانی بوونەوەر لە خوێندایە و من لەسەر قوربانگا بە ئێوەی دەدەم بۆ کەفارەتکردن بۆ گیانتان، چونکە خوێن کەفارەت بۆ ژیان دەکات."

بێگومان لە پەیمانی کۆندا کەفارەتی خوێن، نموونە و سێبەرێک بوو بۆ ئەوەی کە لە داهاتوودا ڕوودەدات و لە ڕاستیدا باسی ئەو سەردەمە دەکات کە خوێنی عیسا لەسەر خاچ دەڕژێت تاکو ببێتە کەفارەتی تەواو و کۆتایی گیانی ئێمە.

تکایە سەرنجی ئەوە بدەن کە ئەو وشە عیبرییەی کە بە "ژیان" وەرگێڕدراوە، بە واتای "گیان"یش دێت. گیانی جەستەی بوونەوەرێك لە خوێنیدایە. ئیشایا لە یەکێک لە پێشبینییەکانیدا دەڵێت کە عیسا خوێنی ژیانبەخشی خۆی دەبەخشێت و بەو هۆیەوە گیانی لەسەر قوربانگای خاچ دەکاتە قوربانی. ئیشایا لەسەر ئەو دیمەنەی کە ئێمە لەسەر کەفارەی مەسیح هەمانە، پێشبینی دەکات و دەڵێت:

"... بۆ مردن گیان لەسەر دەست بوو و لەگەڵ یاخیبووان ژمێردرا، لەبەر ئەوەی گوناهی زۆر کەسی هەڵگرت و داکۆکی لە یاخیبووان کرد."

سەرنجی ئەو چوار کارە بدە کە عیسا ئەنجامی دا: ١. بۆ مردن گیان لەسەر دەست بوو. ٢. لەگەڵ یاخیبوواندا ژمێردرا، (لە نێو دزاندا لە خاچ درا). ٣. گوناهی زۆر کەسی هەڵگرت (لە ڕاستیدا گوناهی هەموو دنیای هەڵگرت). ٤. داکۆکی لە یاخیبووان کرد. عیسای مەسیح پێش ئەوەی لەسەر خاچ بە تەواوی گیانی بسپێرێت، فەرمووی: **"باوکە، لێیان خۆشبە، چونکە نازانن چی دەکەن."** هەر یەک لەو چوار خاڵە ڕێک لە مەسیحدا هاتە دی. لێرەدا تیشک دەخەینە سەر یەکەم خاڵی ئایەتی دوازدە: **"بۆ مردن گیان لەسەر دەست بوو..."** مەسیح گیانی خۆی کردە قوربانی.

دەبێت سەیری دەقێکی لێڤییەکان بکەین بۆ ئەوەی پێشبینییەکی ڕوونترمان دەست بکەوێت لەبارەی ئەوەی کە ڕوودەدات. گرنگترین ڕۆژی ساڵ بەپێی ئایینی جولەکە، ڕۆژی کەفارەت بوو. تەنها لەو ڕۆژەدا، سەرۆک کاهین دەڕۆیشتە شوێنی هەرە پیرۆزەوە و خوێنی کەفارەتی ساڵێکی دیکەی گەلی ئیسرائیلیشی لەگەڵ خۆیدا دەبرد. موسا بەم شێوەیە وەسفی دەکات:

"ئینجا (سەرۆک کاهین) لە خوێنی جوانەگاکە ببات و بە پەنجەی بەسەر ڕووی قەپاغەکەی کەفارەت، بەلای ڕۆژهەڵات بیپرژێنێت، لەلای پێشەوەی قەپاغەکەی کەفارەتیش، حەوت جار بە پەنجەی خوێنەکە بیپرژێنێت" (لێڤییەکان ١٦: ١٤).

تەنها خوێن دەیتوانی باجی گوناهەکانی گەلی خودا بدات و دەبوا خوێنەکە لە شوێنی هەرە پیرۆزدا لەبەردەم خودای هەرە بەتواناى برژێنرابا. بەباشی سەرنجی ئەوە بدەن کە دەبوا حەوت جار بپرژێنرێت. ئەم حاڵەتێکی بەڕێکەوت نەبوو. حەوت ئەو ژمارەیەیە کە کارەکانی ڕۆحی پیرۆز نیشان دەدات و نیشانەی تەواوی و بێگەردییە. حەوت بە واتای کارێکی تەواو و دروست دێت. ئەمە ڕێک لە شێوەی خوێنڕشتنی مەسیحدا هاتە دی. خوێنی مەسیح ڕێک حەوت جار ڕژا، پێش ئەوەی قوربانییەکەی تەواو ببێت.

کاتێک تماشای تۆمارە مێژووییەکانی مژدەکان (مەتا، مەرقۆس، لۆقا و یۆحەنا) دەکەین، دەبینین کە ئەو پێشبینییای پەیمانی کۆن ڕێک هاتوونەتە دی. خوێنی مەسیح، بە حەوت شێوەی جیاواز ڕژا.

یەکەم خوێنڕژان (خوێنپرژان)، لە باخی گەتسیمانی ڕوویدا کاتێك بێوچان نزا و نوێژی دەکرد بۆ ئەوەی لە پێناو قوربانییە مەزنەکەی بچێتە بەردەم یەزدان.

"کە لە ململانێدا بوو، زۆر بە گوڕتر نوێژی دەکرد و ئارەقەکەی وەك دڵۆپی خوێنی لێهات دەکەوتە سە ر زەوی" (لۆقا ٢٢: ٤٤).

لەو کاتەدا خوێنی مەسیح لە ڕێگەی عارەقی جەستەیەوە هاتە دەرەوە. ئەمەش نیشانەی ئەو کێشمەکێش و ململانێیە بوو کە لە کاتی نوێژدا ڕووبەڕووی ببووەوە. ئەمە یەکەم خوێنڕژانی بوو.

دووەم خوێنڕژانی عیسا لە ماڵی سەرۆک کاهیندا ڕوویدا، کاتێك کە لێکۆڵینەوەیان لێکرد و بە خراپی هەڵسوکەوتیان لەگەڵ کرد.

"ئینجا تفیان لەڕووی کرد و مستیان لێدا، هەندێکیش زلەیان لێدا" (مەتا ٢٦: ٦٧).

لەو دەقەدا، "مستیان لێدا" دەکرێت بەم شێوەیەش وەرگێڕانی بۆ بکرێت: "... بە گۆچان لە ڕوومەتیان دا..." لەڕاستیدا دەکرێت ئەمە وەرگێڕانە دروستەکە بێت، چونکە ئەم ڕووداوە لە (میخا ٥: ١)دا پێشبینی کراوە، کە دەڵێت: **... بە گۆچان لە ڕوومەتی ڕابەری ئیسرائیل دەدەن."** هەرچۆنێک بووبێت، کاتێک بە گۆچان یان مست لێیانداوە، خوێن لە لوتی هاتووە.

سێیەم خوێنڕژان لە (مەتا ٢٧: ٢٦)دا ئاماژەی پێکراوە:

"ئەوسا باراباسی بۆ ئازاد کردن، بەڵام فەرمانی دا کە عیسا بدرێتە بەر قامچی و پاشان لە خاچ بدرێت."

ئەم ڕووداوەش لە پەیمانی کۆندا هاتووە، کاتێك یەزدان لەگەڵ کەسێک قسە دەکات و دەفەرموێت:

"پشتم ڕاگرت بۆ ئەوەی لێی بدەن، ڕوومەتیشم بۆ ئەوەی ڕیشم بڕننەوە. ڕووی خۆمم دانەپۆشی لە گاڵتە پێکردن و تف لێکردن" (ئیشایا ٥٠: ٦).

گرنگە سەرنجی ئەوە بدەین کە یەزدان خۆی پشتی ڕاگرتووە. واتە، بە زۆر ناچار نەکراوە، بەڵکو خۆی وەکو قوربانییەک پێشکەش کردووە. عیسا بە قامچی ڕۆمانی لێیدرا کە لە چەند شرێتێك پێکهاتبوو، هەریەک لەو شریتانە چقڵی ئاسن یان ئێسقانی پێوە دەکرا. کاتێك قامچییان لە پشتی کەسێك دەدا، ئەوا گۆشتەکەی هەڵدەتەکی و پارچەپارچە دەبوو، بە جۆرێک کە دەمار و ئێسقانی پشتی دەردەکەوت. ئەوە سێیەم خوێنپرژانی عیسا بوو.

چوارەم خوێنڕژانی عیسا لە پەیمانی نوێدا ئاماژەی پێ نەکراوە، بەڵام لە پەیمانی کۆن لە (ئیشایا ٥٠: ٦)دا هاتووە کە دەڵێت:

"پشتم ڕاگرت بۆ ئەوەی لێی بدەن، ڕوومەتیشم بۆ ئەوەی ڕیشم بڕننەوە..."

ئەوان ڕیشی عیسایان گرتووە و ڕنیویانەتەوە، بەو شێوەیە خوێن لە ڕوخساری هاتووە.

پێنجەم خوێنڕژانی عیسا لەڕێگەی تاجە دڕکینەکەوە ڕوویدا.

"(سەربازە ڕۆمانییەکان) ڕووتیان کردەوە و کەوایەکی سووریان دایێ. هەروەها تاجێکی دڕکیان هۆنییەوە و لە سەریان کرد، قامیشێکیان دایە دەستی ڕاستی، لەبەردەمی چۆکیان دادا و گاڵتەیان پێ کرد و دەیانگوت: سڵاو ئەی پاشای جولەکە!" (مەتا ٢٧: ٢٨-٢٩).

سەربازەکان هەر ئەوە نەبوو کە تەنها تاجە دڕکینەکە لەسەر سەری دابنێن، بەڵکو ئەو سەربازە دڵڕەقانە تاجەکەیان بە دڕک هۆنیبووەوە و بە فشار لەسەر سەریان دانا و پێیاندا دەکێشا. ئەوەش بووە هۆی ئەوەی کە دڕکەکان بچەقێت بەسەری عیسادا و خوێنی لێ بێت. ئەوە پێنجەم خوێنڕشتنی عیسا بوو.

شەشەم خوێنڕشتنی عیسا لەکاتی لەخاچدانیدا ڕوویدا. (مەتا ٢٧: ٣٥) دەڵێت:

"کە لە خاچیان دا، بە تیروپشك کراسەکەیان دابەش کرد..."

عیسا لە کاتی لەخاچدانیدا دەست و پێی بزماری لێدرا. ئەم ڕووداوەش لە پەیمانی کۆندا پێشبینی کراوە: **... دەست و پێیان کون کردووم (زەبوورەکان ٢٢: ١٦).** هەروەها لە ئایەتی هەژدەدا هاتووە: **"جلوبەرگەکەم لەنێو خۆیان بەش دەکەن، تیروپشك لەسەر کراسەکەم دەکەن."**

حەوتەم و کۆتا خوێنڕژانی عیسا لەدوای مردنیی ڕوویدا. سەربازێکی ڕۆمانی ڕۆیشت بۆ ئەوەی بزانێت کە ئایا هەر سێ کەسی لەخاچدراو مردوون یان نە. سەربازەکە دوو کەسەکەی بە تەواوی کوشت، بەڵام کاتێك گەیشتە لای عیسا، بینی کە پێشوەخت گیانی دەرچووە و مردووە.

"بەڵام یەکێک لە سەربازەکان ڕمێکی لە کەلەکەی دا، دەستبەجێ خوێن و ئاو دەرچوو" (یۆحەنا ١٩: ٣٤).

حەوتەم جار کە خوێنی عیسا ڕژا، ئیدی خوێن لە جەستەیدا نەما. واتە، گیانی عیسا لەڕێگەی مردنەوە ڕژا. ئەو حەوت جار خوێنی ڕژا.

1. عارەقی ڕوخساری بووە خوێن.
2. بە مست و گۆچان لە ڕوخساریان دا.
3. بە قامچی ڕۆمانی لێیاندا.
4. ڕیشیان ڕنییەوە.
5. دڕکیان کرد بە سەریدا.
6. بزماریان لە دەست و قاچی دا.
7. ڕمیان لە کەلەکەی دا.

لە کاتی خوێندنەوەی ئەو حەوت خاڵەدا، ئەوەت لەبیر بێت کە لەو ڕێگەیەوە دەتوانین پەی بە ڕێژەی خۆشەویستیی عیسا بەرامبەر ئێمە ببەین. ئەوە ئەو بەها و نرخە بوو کە عیسا داینا کە بووە هۆی دانانی دار و نەداری. عیسا تەنها دەستبەرداری شکۆ و تەختی پاشایەتی و گەورەیی خودایی نەبوو. ئەو تەنها دەستبەرداری ماڵومولکی زەمینی خۆی نەبوو، بەڵکو دەستبەرداری خودی خۆی بوو. ژیانی خودی خۆی بەخشی. لە ڕێگەی ڕشتنی خوێنیەوە بەهای کڕینەوەی ئێمەی بەخشی. بیر لەمە بکەوە و بزانە کە ئەمە ڕێژە و پێوانەی خۆشەویستیی خودایە. کەمترین شت کە دەکرێت لەبارەی ئەم خۆشەوستییەوە بگوترێت ئەوەیە کە بەڕاستی بێسنوور و لەڕادەبەدەرە.

وەرزی چوارەم

میراتیی تەواو

ئێستا با سەرنج بدەینە ئەوەی کە لە ئەنجامی ڕزگاربوونمان بەهۆی مەسیحەوە بەدەستی دێنین، کە بەدەستهێنانی میراتیی بێسنووره. خودا نەک تەنها نرخ و بەهایەکی لەڕادەبەدەری لەپێناو کڕینەوەی ئێمە دا، بەڵکو ئەو میراتییەش کە بەهۆی مەسیحەوە بەدەستیدەهێنین بێ ئەندازە و بێسنووره.

لە (ڕۆما ٨: ١٥-١٧)دا، پۆڵس باسی ئەو شتانە بۆ باوەڕداران دەکات کە بە هۆی مەسیحەوە بەدەستیان هێناوە.

"ئێوە ڕۆحی کۆیلەییتان وەرنەگرتووە تاکو بۆ ترس بتانگەڕێنێتەوە، بەڵکو ڕۆحی لەخۆگرتنەوەتان وەرگرتووە، بەهۆیەوە هاوار دەکەین: بابە! باوکە! ڕۆحی پیرۆز خۆی شایەتی بۆ ڕۆحمان دەدات کە منداڵی خوداین. ئەگەر منداڵی بین، میراتگریشین، میراتگری خودا و هاومیراتی مەسیح، ئەگەر لە ڕاستیدا لەگەڵ ئەو ئازار بچێژین، بۆ ئەوەی تاکو لەگەڵ ئەو شکۆدار بین."

لێرەدا وشەی "بابە" سەلمێنەری ئەو ڕاستییەیە کە پەیوەندی ئێمە و یەزدان پەیوەندییەکی زۆر نزیکە و ڕۆحی خودا دڵنیایی و متمانەی ئەوەمان پێدەدات و ئەو ڕاستییەمان بۆ دووپات دەکاتەوە.

کتێبی پیرۆز پێمان دەڵێت کە ئێمە ڕۆڵەی خوداین، بەڵام ڕۆحی خودا لە دڵی هەر یەکێکماندا پێداگری لەسەر ئەو ڕاستییە دەکات. ئێمە ڕۆڵەی خوداین. بەپێی یاسا و ڕێسای مرۆیی، کاتێک دەبینە منداڵی کەسێک، ئەوا دەبینە میراتگری ئەو کەسە. کەواتە میراتگری یەزدان و هاومیراتگری عیسای مەسیحین. بێگومان بەم مەرجە دەتوانین ببینە میراتگر: دەبێت ئامادەیی ئەوەمان هەبێت کە لە ئازار و ناخۆشییەکانیدا بەشداری بکەین. بیرت نەچێت کە مرواری لە ئەنجامی ناخۆشی و زەحمەت و کێشمەکێشەوە دروست بووە.

زۆر گرنگە لە واتای هاومیرات تێبگەین. واتای ئەوە نییە کە هەریەک لە ئێمە تۆزێك لە کۆی میراتەکە وەردەگرین، بەڵکو واتای ئەوەیە کە عیسا وەکو ڕۆڵەی نۆبەرە خاوەنی کۆی میراتەکەیە و ئێمەش تەواوی میراتەکەی لەگەڵ بەش دەکەین. هەر هەمووومان مافی ئەوەمان هەیە کە تەواوی میراتییەکە بەدەستبهێنین، کە میراتیی مەسیحە. هاوبەشیکردن لە میراتدا یاسا و ڕێسای شانشینی یەزدانە. هەریەک لە ئێمە بەشێک لەو میراتییە وەرناگرێت، بەڵکو هەمووومان دەبینە خاوەنی هەموو ئەوەی کە خودا و عیسای کوڕی هەیەتی.

عیسا لەبارەی ئەم میراتە و چۆنیەتی بەدەستهێنانی فەرمایشتێکی هەیە. لە (یۆحەنا ١٦: ١٣-١٥)دا، لەبارەی هاتنی ڕۆحی پیرۆزەوە دەفەرموێت:

"بەڵام کاتێك ئەو دێت، کە ڕۆحی ڕاستییە، ئەو بۆ ڕاستی تەواو ڕێنماییتان دەکات، چونکە لە خۆیەوە هیچ ناڵێت، بەڵکو ئەوەی گوێی لێ دەبێت دەیڵێت و ڕایدەگەیەنێت چی ڕوودەدات. ئەو شکۆدارم دەکات، چونکە ئەوەتان پێ ڕادەگەیەنێت کە لە منەوە وەریدەگرێت. هەموو ئەوەی کە هی باوکە، هی منیشە. لەبەر ئەوە گوتم، ڕۆحی پیرۆز لە هی من وەردەگرێت و پێتانی ڕادەگەیەنێت."

ئەوەی کە هی باوکە، هی کوڕەکەشە، هەروەها ڕۆحی پیرۆز هەموویمان بۆ ئاشکرا دەکات. لەبیرت بێت کە ڕۆحی پیرۆز جێبەجێکاری کاروباری میراتەکەیە. ئەگەر بێتو پەیوەندیمان لەگەڵ ڕۆحی پیرۆزدا خۆش نەبێت و بە هاوبەشی لەگەڵ ئەودا نەژین، ئەوا دەکرێت بە شێوەیەکی تیۆری منداڵی پاشا بین، بەڵام وەکو هەژار و سواڵکەرەکان دەژین، چونکە میراتی یەزدانمان وەرناگرین. میراتەکە هەموو ئەوە دەگرێتەوە کە خودای باوک و عیسای کوڕی هەیەتی. ئەوان پێکەوە شەریکن و ئێمەش دەبینە شەریکی ئەوان. ئەمە پڕیی و تەواوی ئەو شتەیە کە یەزدن لە ڕێگەی مەسیحەوە پێمان دەبەخشێت. یەزدان ڕەزیل و بەرچاوتەنگ نییە. هەڵسوکەوت و ئاکاری وشک و یاسایی نییە، بەڵکو خاوەنی خۆشەویستییەکی بیسنوور و لەڕادەبەدەرە.

با پێکەوە لە ئایەتێکی دیکە بڕوانین کە باسی ڕێژەی میراتەکەمان دەکات.

"ئەوەی دەستی بە کوڕەکەی (عیسا) خۆیەوە نەگرت، بەڵکو لە پێناوی هەموومان پێشکەشی کرد (ئەمە ئەو بەهایەیە کە خودا بەخشی)، ئیتر چۆن لەگەڵ ئەو هەموو شتێکمان بەخۆڕایی ناداتێ؟" (یەکەم کۆرنسۆس ٣: ٢١-٢٣).

تکایە سەرنجی واتای ئەو ئایەتە بدەن. کاتێک باوەڕ بە مەسیح دەهێنین، یەزدان هەموو شتێکمان بەخۆڕایی دەداتێ. واتە، بەبێ ئەو، هیچ بەرەکەتێک وەرناگرین. سەرنج بدە کە چ پێداگرییەکی ناوازە کراوەتە سەر ڕێژە و خۆڕاییبوونی میراتەکە. ڕوونە کە ئێمە بە هێز و توانای خۆمان ناتوانین ببینە خاوەنی ئەو میراتە، بەڵکو وەکو دیارییەک بەدەستی دەهێنین و هەموو شتێک لەخۆ دەگرێت. کاتێک باوەڕ بە عیسای مەسیح دەهێنین، دەبینە میراتگری تەواوی میراتەکە. دەبینە خاوەنی هەموو ئەوەی کە خودای باوک و خودای کوڕ هەیەتی.

پۆڵس لە (یەکەم کۆرنسۆس)دا هەوڵدەدات بە باوەڕدارانی کۆرنسۆس نیشانبدات کە چەندە دەوڵەمەندن. هەروەها لە هەمان کاتدا سەرزەنشتیان دەکات کە بۆچی وەکو هەژاران هەڵسوکەوت دەکەن، چونکە بەرامبەر یەکتر چاوچنۆک و ڕەزیل و بەرچاوتەنگ بوون. لە ڕاستیدا پۆڵس پێیان دەڵێت: "ئێوە نازانن کە چەندە دەوڵەمەندن."

"کەواتە، با کەس شانازی بە مرۆڤ نەکات! چونکە هەموو شتێك هی ئێوەیە، پۆڵس یان ئەپۆلۆس یاخود پەترۆس، جیهان یان ژیان یانیش مردن، شتەکانی ئێستا یاخود داهاتوو، هەموو شتێك هی ئێوەیە، ئێوەش هی مەسیحن، مەسیحیش هی خودایە" (یەکەم کۆرنسۆس ٣: ٢١-٢٣).

چ دەقێکی سەرسامکەر و جوانە! مەگەر نە؟ لەڕاستیدا پۆڵس دەڵێت: "هەموو شتێک هی تۆیە. واز لە چاوچنۆکی و ڕەزیلی بهێنە. هەروەها خۆتان بە قەشە و وتاربێژەوە مەبەستنەوە. واز لە بیرتەسکی بهێنن. هەموو شتێک هی ئێوەیە."

تکایە بیرتان نەچێت کە ئەم میراتە بەخۆڕایی پێمان دراوە، ئێمە ناتوانین بیکڕین. بەڵام لەگەڵ ئەوەشدا گرنگە کە داوا لە ڕۆحی پیرۆز بکەین کە باوەڕ و تێگەیشتنمان زیاد بکات. ڕۆحی پیرۆز بەڕێوەبەرە، بۆیە هەتا ئەو ڕێنماییمان نەکات و بەرەو ڕاستیمان نەبات ئەم بابەتە لە ئاستی وشە دەرناچێت و نابێتە واقیعیەت. ئەوە ڕۆحی پیرۆزە کە بەڵێنەکان بە واقیعیەت دەگەیەنێ.

ئێستاش کاتی ئەوەیە کە بڕوانینە (یەکەم یۆحەنا ٤: ١٦):

"ئێمەش ئەو خۆشەویستییەی خودا کە بۆ ئێمەیە ناسیمان و باوەڕمان پێکرد (پشتمان پێی بەست). خودا خۆشەویستییە. ئەوەی لە خۆشەویستیدا دەژییێت، ئەوا بە یەکگرتوویی لەگەڵ خودا دەژییێت، خوداش بە هەمان شێوە لەگەڵ ئەودا دەژییێت."

سەرنجی بەشی یەکەمی ئایەتەکە بدەن کە دەڵێت: "**... ئێمەش ئەو خۆشەویستییەی خودا کە بۆ ئێمەیە ناسیمان و باوەڕمان پێکرد (پشتمان پێ بەست).**" لێرەدا دوو کار ئەنجام دەدەین. یەکەم، ناسینی خۆشەویستیی خودا، دووەم، باوەڕکردن (پشتبەستن) بەو خۆشەویستییە خوداییە.

زۆرێك لە ئێمەی باوەڕدار لە کڵێسادا گوێمان لە ئایەتگەلێک دەبێت کە باس لە خۆشەویستیی یەزدان دەکەن. لەوانەیە بەلامانەوە خۆش بن، لەوانەیە باوەڕیشیان پێ بکەین، بەڵام هەتا پشتیان پێ نەبەستین، نابن بە ڕاستیی. دەبێت بەڕاستی درک بەوە بکەین و بەلامانەوە گرنگ بێت کە خودا زۆری خۆشدەوێین و زۆرترین بەها و نرخی لەپێناو کڕینەوەمان داوە، هەروەها دوای کڕینەوەمان تەواوی میراتەکەی پێ بەخشیوین. دەبێت بەپێی ئەو ڕاستییە هەنگاو بنێین و کاری لەسەر بکەین و پێویستە چیتر لە بەرامبەر خۆمان و کەسانی دیکەدا ڕەزیل و بەرچاوتەنگ و چاوچنۆک نەبین. پێویستە فێرببین وەکو خودا بین، واتە خاوەنی خۆشەویستیی لەڕادەبەدەر و بێ ئەندازە بین.

وەرزی پێنجەم

خۆشەویستیی بێسنووری بەرامبەر

لە چەند بەشی ڕابردوودا بۆمان دەرکەوت کە دەکرێت لە ڕێگەی چەند پێوەرێکەوە پەی بە ڕێژەی خۆشەویستیی یەزدان بۆ مرۆڤایەتی ببرێت. یەکەم، دەکرێت ئەو خۆشەویستییە لە ڕێگەی ئەو بەها و نرخەی کە یەزدان و عیسا لە پێناو ئێمەدا دایان، بپێورێت. نرخ و بەهاکە لە دوو نموونەکەی عیسا ئاماژەی پێکرا کە بریتی بوو لە قوربانیکردنی تەواوی ئەوەی کە عیسا هەیبوو. عیسا خوێنی ژیانی خۆی بەخشی. ئەو گیان و ژیانی خۆی بە شێوەیەکی زۆر بە ئێش و ئازار و لە ڕێگەی ڕشتنی خوێنیەوە بە مردن سپارد.

دووەم، دەکرێت خۆشەویستیی خودا لە ڕێگەی ئەو میراتەوە بپێورێت کە بە هۆی عیساوە پێمان دەبەخشێت. ئێمە هاومیراتی عیسا و میراتگری یەزدانین. تەواویی میراتیی خودای باوک و خودای کوڕ دەبێتە هی ئێمە و عیسای مەسیح. دەتوانین لە ڕێگەی ئەو بەها و نرخەی کە یەزدان داینا لەگەڵ ئەو میراتەی کە پێماندەبەخشێت، درک بە قووڵی و بێسنووری خۆشەویستییەکەی بکەین.

ئێستا دەمانەوێت باسی دیوی دووەمی بابەتە بکەین، کە بریتییە لەمە: کاردانەوەی ئێمە لە هەمبەر خۆشەویستیی بێسنووری یەزداندا دەبێت چۆن بێت؟ زۆر ئاسانە، خۆشەویستیی ئێمەش دەبێت بێسنوور و بێ ئەندازە بێت. بۆ ڕوونکردنەوەی زیاتر، با پێکەوە تماشای ئەو کارە بکەین کە ژنێک بە هەفتەیەک پێش لەخاچدانی بۆ عیسای کرد:

"کاتێك عیسا لە گوندی بێتعەنیا بوو، لە ماڵی شیمۆنە گول لەسەر خوان بوو، ژنێك هات بوتڵێکی ئەلەباستەری بۆنی ناردینی بێگەردی گرانبەهای پێبوو، بوتڵەکەی شکاند و بەسەریدا ڕژاند. بەڵام هەندێك زویر بوون و بە یەکتریان گوت: بۆچی

بۆنەکە ئاوا بەفیڕۆ درا؟ دەتوانرا ئەم بۆنە بە زیاتر لە سێ سەد دینار بفرۆشرایە و بدرایە هەژاران. جا سەرزەنشتی ژنەکەیان کرد. بەڵام عیسا فەرمووی: وازی لێ بهێنن. بۆ بێزاری دەکەن؟ کارێکی چاکی بۆ من کرد. هەژاران هەمیشە لەگەڵتانن، کەی ویستتان دەتوانن چاکەیان لەگەڵ بکەن، بەڵام من هەمیشە لەلاتان نیم. ئەوەی لە دەستی هات کردی، زوو جەستەی منی بۆ ناشتن چەورکرد. ڕاستیتان پێ دەڵێم: لە هەر شوێنێکی لە جیهاندا ئەم مزگێنییە ڕابگەیەنرێت، وەك یادکردنەوەیەك باسی ئەوەش دەکرێت کە ئەم ژنە کردوویەتی" (مەرقۆس ١٤: ٣-٩).

عیسا بە فەرمایشتێکی زۆر جوان کۆتایی بە بابەتە دەهێنێت: "... ئەوەی کە ئەم ژنە کردی، وەکو یادکردنەوەیەک باسی دەکرێت." با باسی هەمان ڕووداو بکەین لە ڕوانگەی یۆحەناوە. لێرەدا ئاماژە بە شوناسی ژنەکە و هەندێ وردەکاری دیکە دراوە:

"مریەمیش نیو لیتر بۆنی ناردینی بێگەردی گرانبەهای هێنا و پێی عیسای چەورکرد، ئینجا بە قژی پێیەکانی عیسای سڕییەوە وماڵەکەش پڕبوو لە بۆنی خۆش. یەهوزای ئەسخەریوتی کە یەکێك بوو لە قوتابییەکانی و بەتەمابوو بە گرتنی بدات، گوتی: بۆچی ئەم بۆنە بە سێ سەد دینار نەفرۆشرا و نەدرا بە هەژاران؟ ئەمەی گوت نەك لەبەر ئەوەی خەمی هەژاران دەخوات، بەڵکو لەبەر ئەوەی دز بوو و سندوقی پارەشی لەلا بوو، هەرچی تێدا دابنرابووایە دەیبرد" (یۆحەنا ١٢: ٣-٦).

سەرنجی سێ لایەنی ئەم بەسەرهاتە بدەن:

1. کارەکەی مریەم
2. فەرمایشتەکەی عیسا.
3. کاردانەوەی ڕەخنەگرەکان

کارەکەی مریەم

یەکەم جار سەرنجی ئەوە کارە بدەن کە مریەم ئەنجامی دا. خۆشەویستیی مریەم بەرامبەر عیسا بێسنوور و بێ ئەندازە بوو. بۆنی ناردینی گرانبەهای ڕشت بەسەر پێی عیسادا. نرخی ئەو بۆنە پارەی ئیشکردنی ساڵێکی کرێکارێک بوو. ئەگەر بیکەینە پارەی ئەمڕۆ، ئەوا دەکاتە ٤٧٠٠٠ دۆلاری ئەمریکی. مریەم بۆنێکی ناردینی گرانبەها کە لەنێو بوتڵێکی جوانی ئەلەباستەردا بوو، ڕشت بەسەر پێی عیسادا کە بایی ٤٧٠٠٠ دۆلار بوو. دواتر بوتڵەکەی شکاند، واتە چیتر نەدەکرا بەکاربهێنرێتەوە. لە چەند ساتێکدا تەواوی بۆنەکە ڕۆیشت و کۆتایی پێهات. بەوە دەڵێن خۆشەویستیی بێسنوور!

دووەم، مریەم بەتەواوی فیداکاریی نواند. وەک چۆن لە مەرقۆس و یۆحەنادا ئاماژەی پێ کراوە، مریەم نەک تەنها بۆنەکەی ڕشت بەسەر سەری عیسادا بەڵکو بۆنەکەی ڕشتووە بەسەر پێیدا و بە قژی پێی عیسای سڕیوەتەوە. مریەم بهێنە پێش چاوی خۆت، کەوتووەتە سەر ئەژنۆ و لەبەر پێی عیسادا کەوتووە، بۆ ئەوەی بتوانێت بە قژی پێی عیسا بسڕێتەوە و پاکی بکاتەوە.

فەرمایشتەکەی عیسا

سەرنجی ئەو شتە جوانانە بدەن کە عیسا لەبارەی ئەم ژنەوە فەرمووی. بێگومان لەگەڵ ڕەخنەگرەکاندا، هاوڕا نەبوو. لە (مەرقۆس ١٤: ٦)دا لەبارەی مریەمەوە فەرمووی: **"... کارێکی چاکی بۆ من کرد."** دەبێت سوپاسگوزار بین بۆ ئەو وەرگێڕانە جوانە کە ئاماژەی بەم دەربڕینە کردووە: "کارێکی چاک." عیسا شتێکی جوانی لەو کارەی مریەمدا بەدی کرد. خۆشەویستیی بێسنوور کارێکی جوان و باشە!

لە (مەرقۆس ١٤: ٨)دا، عیسا بەردەوام بوو و فەرمووی: **"... ئەوەی لە دەستی هات کردی."** فەرمایشتەکەی هەتا بڵێی سادەیە، بەڵام لە هەمان کاتدا زۆر گرنگە. یەزدان هەرگیز داوای کارێکمان لێ ناکات کە لە توانای ئێمەدا نەبێت. زۆر کات بیستوومە کە باوەڕداران دەڵێن: "خۆزگە زیاترمان پێ دەکرا." بەڵام هەمیشە شتێک لە ناخمەوە

دەپرسێت: "بڵێی ئەوەی کە بەڕاستی پێیان دەکرێت، بیکەن؟" خودا هەرگیز داوای شتێکت لێ ناکات کە لە دەرەوەی توانای تۆ بێت. بەڵام ئەگەر ئەوەی کە بۆت دەکرێت، ئەنجامی بدەیت، ئەوا عیسا چۆن لەگەڵ ئەو ژنەدا هەڵسوکەوتی کرد، بە هەمان شێوەش لەگەڵ تۆدا هەڵسوکەوت دەکات.

هەروەها لە (مەرقۆس ١٤: ٨)دا هاتووە: **"زوو جەستەی منی بۆ ناشتن چەورکرد."** چ فەرمایشتێکی جوان! لەو کاتەدا هیچ کام لە قوتابییەکان بەڕاستی باوەڕیان بەوە نەبوو کە عیسا دەمرێت و دەنێژرێت، بەڵام لەنێوان هەمووواندا تەنها مریەم ئەو بینینە خوداییەی پێدرابوو کە عیسا دەمرێت و دەنێژرێت. لەڕاستیدا کاتێک عیسا لەسەر خاچ گیانی سپارد، قوتابییەکان ئەوەندە کاتیان لەبەردەستدا نەبوو کە بتوانن بەباشی جەستەی عیسا چەور بکەن. بۆیە کفنیان کرد و هەندێک بۆن و بەرامیان لە جەستەی دا، بەڵام نەیانتوانی بەباشی و بە دروستی ئەو کارە بکەن. واتە، دەرفەتەکەیان لەدەست دا. بەڵام لەبەر ئەوەی دڵی مریەم بەرامبەر ڕۆحی پیرۆز کراوە بوو، قسەی لەگەڵ کرد. ڕۆحی پیرۆز دەیتوانی لەگەڵ دڵیدا بدوێت، مەرج نییە لەگەڵ هزر و فکریدا دوابێت. وتەیەکی ناوداری فەڕەنسی هەیە کە دەڵێت: "دڵ کۆمەڵە هۆکارێکی خۆی هەیە کە مێشک بەتەواوی لێیان بێ خەبەرە." دڵنیام لەوەی کە ئەو ژنە (مریەم) کۆمەڵە هۆکارێکی هەبووە، کە هەموو ئەوانەی لەوێ دانیشتبوون، لێی تێنەدەگەیشتن.

دیارییە ناوازەکەی مریەم لە (مەرقۆس ١٤: ٩)دا تۆمار کراوە: **"(عیسا فەرمووی) ڕاستیتان پێ دەڵێم: لە هەر شوێنێکی لە جیهاندا ئەم مزگێنییە ڕابگەیەنرێت، وەك یادکردنەوەیەك باسی ئەوەش دەکرێت کە ئەم ژنە کردوویەتی."**

تەنانەت ئەم پەیامەی ئێمە بووەتە هۆی هاتنەدی ئەو پێشبینییەی عیسا، چونکە لە ڕادیۆش بڵاو بووەتەوە و لە کۆتاییدا دەگاتە گوێی هەموو جیهان. ئەمە تەنها هاتنە دی یەکێک لەو پێشبینییانەیە کە لە سەرەوە باس کراوە.

کاردانەوەی ڕەخنەگرەکان

لە کۆتاییدا با بڕوانینە کاردانەوەی ڕەخنەگرەکان. یەکەم، کەسانێکی چاوچنۆک و ڕەزیل بوون؛ پیاوانی ئایینی بە گشتی بەو شێوەیەن. سەرنجی ئەم وتە باوە بدەن: "وەکو مشکی کڵێسا بەدبەخت و چارەڕەشە." ئەم وتەیە دەرخەری ڕاستییەکی تاڵە، چونکە خەڵکی پێیان وایە کە مشکی نێو کڵێسا لە مشکەکانی دیکە داماوتر و چارەڕەشترن. بە گشتی خەڵکی کڵێسا وەکو کۆمەڵە کەسێکی زۆر هەژار و ڕەزیل دەبینن. لە ڕاستیدا زۆرێك لە باوەڕداران بیانووی ئەوە دەدەن بە دەستەوە کە وامان پێ بگوترێت. بەڵام لێرەدا، ڕەخنەگرەکان چاوچنۆک و بەرچاوتەنگن نەک عیسا و مریەم.

دووەم، ئەو ڕەخنەگرانە دووڕوو بوون. دەسبەجێ لە کاتی ڕشتنی بۆنەکەدا، هەژارانیان کەوتەوە بیر. لێرەدا دەتوانین بپرسین ئاخۆ پێش ئەو ڕووداوە گرنگییان بە هەژاران داوە یان لە دوای ئەو ڕووداوە گرنگیان دەدەنێ؟

سێیەم، لایەنی هاوبەشی زۆربەی ڕەخنەگران ئەوەیە کە کەسانێکی بەدبەخت و چارەڕەشن. تەنانەت نەیانتوانی چێژ لەو بۆنە خۆشەی دەستی مریەم وەربگرن. ئەو بۆنە تایبەت و خۆشە تەواوی ماڵەکەی تەنیبوو، بەڵام ئەو ڕەخنەگرە چارەڕەشانە ئەوەندە تووڕەبوون و سەرقاڵی ڕەخنەگرتن بوون کە نەیانتوانی چێژی لێ وەربگرن.

ئێستا کە خەریکە کۆتایی بەم بەشە بهێنین کە باسی چۆنیەتی هەڵسوکەوتی تۆ دەکات لە هەمبەر خۆشەویستی بێسنوور و بێ ئەندازەی یەزدان، حەز دەکەم پرسیارێکی شەخسی و تایبەتت لێ بکەم. ئایا هەرگیز ڕۆحی پیرۆز کاری کردووەتە سەر دڵت بە جۆرێک کە بتەوێت بێ ئەندازە فیداکاری بۆ مەسیح بکەیت؟ تۆ ڕاستەوخۆ ناتوانیت هیچ شتێك بۆ مەسیح بکەیت، چونکە ئەو لە ئاسمانە، بەڵام وەکو مریەم، دەتوانیت شتێك بۆ جەستەی بکەیت، واتە خزمەتی گەلەکەی بکەیت کە لەسەر زەوین.

ئەگەر ڕۆحی پیرۆز کار بکاتە سەر دڵت، وەکو مریەم دەبیت؟ ئایا ئازایەتی
ئەوەت تێدا دەبێت کە بێ ئەندازە فیداکاری بنوێنیت؟ بوێری ئەوەت دەبێت
کارێکی نائاسایی بکەیت؟ لەوانەیە ئایینزاکان و پیاوانی ئایینی ڕەخنەت لێ بگرن،
بەڵام ئەوەت لەبیر بێت کە مەسیح دەستخۆشیت لێ دەکات.

ژياننامەی نووسەر

دێرک پرنس (١٩١٥ - ٢٠٠٣) لە خێزانێکی ئینگلیز لە وڵاتی هیندستان لەدایک بووە. زمانی یۆنانی و لاتینی لە *کۆلێژی ئیتۆن* و *زانکۆی کەیمبرجی بەریتانی* خوێندووە و چەندساڵێک لە *کۆلێژی کینگ* فەلسەفەی کۆن و مۆدێرنی خوێندووە. هەروەها بە شێوەیەکی ئەکادیمی چەندین زمانی مۆدێرنیشی خوێندووە، لەوانە زمانی ئارامی و عیبری لە *زانکۆی کەیمبرج* و *زانکۆی عیبری* لە ئۆرشەلیم.

کاتێک لە ڕیزی سوپای بەریتانیادا، لە کاتی بەشداریکردنی لە جەنگی دووەمی جیهانیدا دەستی کرد بە خوێندنەوەی کتێبی پیرۆز، مەسیحی ناسی و ژیانی بەتەواوی گۆڕانکاری بەسەردا هات. لەو ناسینەوە دوو شتی بۆ دەرکەوت: یەکەم، عیسای مەسیح زیندووە. دووەم، کتێبی پیرۆز ڕاستە و پشتی پێ دەبەسترێت و کتێبێکی هاوچەرخە. ئەم دوو دەرەنجامە گۆڕانکاری بەسەر تەواوی ژیانیدا هێنا، کە بووە هۆی ئەوەی کە دواتر ژیانی خۆی بۆ خوێندن و فێرکردنی پەیامی کتێبی پیرۆز تەرخان بکات.

بەهرەی نووسەر لە ڕوونکردنەوەی کتێبی پیرۆز و فێرکردنەکانی بەشێوەیەکی سادە و ڕوون، بووەتە هۆی ئەوەی کە ملیۆنان کەس بناغەی باوەڕ لە ژیانیاندا بنیات بنێن. شێوازە بێلایەنەکەی بووەتە هۆی ئەوەی کە گرنگییەکی بێ ئەندازەی بۆ هەموو کەسێک هەبێت بەبێ لەبەرچاوگرتنی پێشینەی ڕەگەزی و دینی.

دێرک پرنس خاوەنی زیاتر لە ٥٠ پەڕتووک و ٦٠٠ وتاری دەنگی و ١٠٠ وتاری ڤیدیۆییە، کە زۆربەیان وەرگێڕدراونەتە سەر زیاتر لە ١٠٠ زمان. بەرنامە ڕۆژانە ڕادیۆییەکەی بۆ زمانگەلی وەکو عەرەبی، چینی، کرواتی، ئەڵمانی، مالاگاسی، مەنگۆلی، ڕووسی، ساموانی، ئیسپانی و تۆنگەنی وەرگێڕدراوە. هەتا ئێستاش بەرنامە ڕادیۆییەکەی لە هەموو جیهاندا کاریگەری هەیە.